LÉOPOLD SÉDAR SENGHOR

El poeta presidente de Senegal

Por Mylène Théliol
Traducido por Laura Soler Pinson

Historia 50MINUTOS.es

LÉOPOLD SÉDAR SENGHOR

- **¿Nacimiento?** El 9 de octubre de 1906 en Joal (Senegal).
- **¿Muerte?** El 20 de diciembre de 2001 en Verson (Francia).
- **¿Carrera?** Presidente de la República de Senegal de 1960 a 1980.
- **¿Principales aportaciones?**
  - Uno de los fundadores del movimiento intelectual anticolonial y proafricano llamado negritud.
  - Primer presidente de la República de Senegal.
  - Uno de los defensores y fundadores de la francofonía.
  - Primer africano en ocupar un puesto en la Academia Francesa.

Léopold Sédar Senghor es un hombre de letras que proviene a la vez de las culturas africana y occidental. Su vida atraviesa el siglo XX de principio a fin, y en él lleva las extravagancias de una historia caótica en la que él mismo desempeña un papel de primera línea. Este contemporáneo de los imperios coloniales, de las guerras mundiales, de la descolonización y de la llegada de la globalización sabe cómo manejar a la vez dos carreras, la de funcionario y político y la de poeta y escritor. Sin embargo, Senghor siempre se ha considerado más como un poeta y a través de su obra literaria lleva a cabo una lucha contra el colonialismo y la asimilación forzosa de los africanos al Imperio francés. El movimiento negritud, al que da forma junto con Aimé Césaire (1913-2008) a partir de 1934 para el reconocimiento de la identidad negra y de la cultura africana, lo anima a tomar el camino de la política. Senghor, diputado de Senegal bajo la dominación francesa y, a continuación, ministro del general De Gaulle (hombre de Estado francés, 1890-1970), simboliza la cooperación entre Francia y algunas de sus antiguas colonias africanas, algo que sus detractores le reprocharán.

Es elegido 5 veces presidente del Senegal independiente entre 1960 y 1980 y es el artífice de la estabilidad política y económica de su país, a pesar de algunas fricciones. Su decisión de retirarse del poder por voluntad propia en 1980 contribuye a su leyenda de gran jefe de Estado africano.

Durante toda su vida, se convertirá en un ferviente defensor de la lengua francesa y militará para que sea reconocida a nivel internacional a través de la francofonía, un concepto en cuyo origen se encuentra este personaje. Léopold Sédar Senghor es un hombre atípico que sabe imponer a su país natal y a la comunidad literaria francesa su visión de una civilización universal basada en el respeto de las distintas culturas.

BIOGRAFÍA

| Retrato de Léopold Sédar Senghor.

LOS AÑOS DE FORMACIÓN ENTRE ÁFRICA Y OCCIDENTE

Léopold Sédar Senghor, nacido el 9 de octubre de 1906, es el hijo de un rico negociante serer, Basile Diogoye Senghor, y de su tercera mujer, Gnilane Ndiémé. Aunque nace en Joal, una de las principales ciudades serer, el pequeño Léopold pasa los 7 primeros años de su vida junto a su tío materno, Toko Waly, en Djilor, un pequeño pueblo donde vive una gran comunidad de peul.

LOS SERER

Los serer son uno de los cuatro grupos étnicos presentes en Senegal, junto a los wolof, los peul y los tuculor. Se extienden por una parte de la costa al sur de Dakar, en unos 200 a 250 kilómetros, y son más de un millón. Los serer son fundamentalmente agricultores y pescadores. Dos características culturales los distinguen del resto: son matriarcales y católicos, cuando la religión más profesada por los senegaleses es el islam.

La primera infancia de Senghor se desarrolla en un ambiente rural. Junto a su familia materna, aprende las labores de pastor, las tradiciones, los valores de valentía, de honor y de lealtad, así como el conocimiento y el respeto ancestrales de la naturaleza. Hasta 1913, vive en un entorno fundamentalmente animista, algo que lo marcará durante toda su vida.

El padre de Léopold Sédar Senghor lo trae de vuelta con él cuando este tiene 8 años para que perfeccione su educación en la misión del Espíritu Santo de Ngazobil, a 6 kilómetros de Joal, donde aprende el catolicismo, nuevas lenguas (el francés, el wolof y el latín) y ciencias naturales. Los padres de la misión, que observan en el joven Senghor una predisposición hacia el sacerdocio, recomiendan a Diogoye que envíe a su hijo al colegio Liberman de Dakar para que continúe con sus estudios antes de ingresar en el seminario. Pero, finalmente, el joven Senghor no opta por la vía del sacerdocio. Tras 4 años de estudios en la misión, entra en 1926 en las clases de secundaria de la calle Vincens de Dakar y, 2 años más tarde, sale con su título de bachiller en el bolsillo y una beca para estudiar filología clásica en Francia.

En septiembre de 1928, ingresa en el primer curso de las clases preparatorias de letras del instituto Louis-le-Grand, en París, para preparar la Escuela Normal Superior (ENS). En el instituto, perfecciona su conocimiento de las letras e intenta encontrar similitudes entre la cultura occidental y africana. Durante sus años de estudios superiores, entabla amistad con Thierry Maulnier (1909-1988), Louis Achille (1909-1994), Robert Verdier (1910-2009), Paul Guth (1910-1997), Henri Quefféléc (1910-1992), Georges Pompidou (1911-1974) y Aimé Césaire. Tras suspender 3 veces el examen de acceso a la ENS, termina por sacarse la oposición a la cátedra de gramática francesa en 1935, después de haber tomado la ciudadanía francesa en 1933. Una vez que ha aprobado la oposición, Léopold Sédar Senghor se convierte en profesor de lengua y de gramática en el liceo Descartes en Tours (1935-1938) y asiste a las clases de lingüística negro-africana de Lilias Homburger (1880-1969) en la Escuela práctica de Estudios Superiores, y a las de Marcel Mauss (1872-1950), Paul Rivet (1876-1958) y Marcel Cohen (1884-1974) en el Instituto de Etnología de París.

EL MOVIMIENTO NEGRITUD

En 1934, Léopold Sédar Senghor crea la revista *L'Étudiant Noir*, «El Estudiante Negro», con ayuda de Aimé Césaire y del guayanés Léon-Gontran Damas (1912-1978). En sus páginas, expresan por primera vez sus quejas contra la dominación colonial y, de esta manera, destacan la cultura africana. Estas nociones son introducidas por Aimé Césaire en un texto titulado *Négreries, Jeunesse noire et assimilation*, «Negrería, juventud negra y asimilación», publicado en 1935 en la revista. A través de este escrito, expone el concepto de negritud, que aparece en *Présence Africaine*, «Presencia africana» en 1947 y es desarrollado en la obra poética de Aimé Césaire y de Léopold Sédar Senghor en títulos como *Cantos de sombra* (1945), *Hostias negras* (1948) y *Etiópicas* (1956). La negritud es el reconocimiento del hecho de ser negro y de la historia y de la cultura de los negros.

EL INGRESO EN POLÍTICA (1945-1960)

Tras el final de la Segunda Guerra Mundial (1939-1945), Senghor inicia una carrera política, mientras sigue ejerciendo como profesor de lengua y, más tarde, de lingüística en la Escuela nacional de Francia de Ultramar (1948-1958). Durante uno de sus viajes de investigación sobre la poesía serer en Senegal, conoce al líder de los socialistas, Lamine Guèye (1891-1968), que le propone presentarse a la diputación. Tras haber recorrido el país y haber movilizado a las distintas etnias senegalesas, Senghor acaba por ser elegido diputado de la circunscripción Senegal-Mauritania en las 2 Asambleas Constituyentes sucesivas (1945-1946) y, más adelante, en la Asamblea Nacional francesa en 1946. Senghor propone la asociación de África con Francia y un respaldo para su emancipación, por lo que alcanza una gran popularidad entre los senegaleses. En 1948, funda su propio partido, el Bloque Democrático Senegalés, que se posiciona a favor de la puesta a punto de una confederación de las antiguas colonias francesas de África. Pero se desecha su proyecto para crear la Comunidad de 1958, que otorga la independencia a todos los países africanos. La federación de Mali desarrollada por Senghor queda reducida a 2 países y termina por desintegrarse un año más tarde. Así, se proclama la República de Senegal en 1960 y Senghor se convierte en su presidente.

EL PRESIDENTE DE SENEGAL (1960-1980)

Al principio, Senghor comparte el poder con su primer ministro, Mamadou Dia (1910-2009). Sin embargo, en 1962, manda que este último sea arrestado por intento de golpe de Estado. Entonces, dirige solo el país, y el régimen pasa a ser cada vez más personal, donde solo se presenta un partido político para las elecciones. Pero a finales de los años 1960, Senghor debe enfrentarse a las protestas sociales que lo obligan a adoptar numerosas reformas y a instaurar un régimen más democrático. Nombra un nuevo primer ministro y exige que se funden 2 otros partidos políticos para que exista un pluralismo político real. En 1980, Senghor dimite de su puesto de presidente de la República en favor de su primer ministro Abdou Diouf (nacido en 1935). Se retira a Normandía, donde se dedica por completo a su obra literaria y a la defensa de la francofonía, de la que es uno de sus fundadores. Fallece en 2001.

CONTEXTO

SENEGAL EN TIEMPOS DEL ÁFRICA OCCIDENTAL FRANCESA

Léopold Sédar Senghor nace en 1906 en Senegal, que desde 1895 forma parte del África Occidental Francesa. Entre 1895 y 1958, esta federación de países reúne a Mauritania, Senegal, el Sudán francés (actual Mali), Guinea, Costa de Marfil, Níger, el Alto Volta (actual Burkina Faso) y Dahomey (actual Benín). Los franceses administran esta colonia a través de agentes que viven en el país. Dakar es la capital del África Occidental Francesa desde 1902, mientras que Saint Louis será la de Senegal hasta 1958. El gobernador general, que vive en Dakar, dispone de un presupuesto global para gestionar esta gran colonia que se alimenta principalmente de los ingresos aduaneros que cada país miembro recauda.

Senegal se divide en cuatro municipios: Gorée, Saint Louis, Dakar y Rufisque. El país, que es mayoritariamente islámico, está dominado por dos grandes cofradías musulmanas: los muridíes y los tijaniyya. Las autoridades coloniales se apoyan en estas para dirigir a la población, que es campesina en su mayor parte. Solo algunos misioneros católicos se instalan en las zonas que todavía son animistas, donde viven sobre todo los serer y una parte de los peul.

La agricultura es la punta de lanza de la economía de Senegal y, más en particular, el cultivo del cacahuete, cuyo producto no solo se exporta a la metrópoli, sino también a nivel internacional. Por lo tanto, se instalan vías ferroviarias para transportar las cosechas hasta los principales puertos de la costa, como Dakar y Saint Louis, pero también hacia Thiès, que comunica las otras colonias del África Occidental Francesa. El sistema colonial francés está erigido sobre la base de una desigualdad racial que recoge el Código del Indigenato de 1887: los autóctonos son súbditos franceses y, por ello, no tienen derechos políticos y están sometidos a un régimen jurídico más represivo que los obliga al trabajo forzado y a las faenas para construir infraestructuras públicas. En Senegal, desde principios del siglo XX, se plantea la cuestión del acceso a la nacionalidad francesa para los africanos, pero cobra más importancia en los años 1930, cuando a dicho país también llega la crisis económica de 1929. Grupos urbanizados y educados se movilizan para obtener la igualdad de estatus, mientras va tomando forma un movimiento nacionalista cultural que reivindica el derecho a la diferencia. Así, los años 1930 se ven marcados por la crisis y por la aparición de reivindicaciones tanto en el África Occidental Francesa como en Francia.

LA FRANCIA DE LOS AÑOS 1930

Cuando Senghor se instala en Francia, el país está sumido en la agonía de la crisis económica, consecuencia del crac bursátil de 1929. Esto crea una inestabilidad gubernamental recurrente hasta la llegada al poder del Frente Popular (1936-1938), una coalición de los partidos políticos de izquierda. Este adopta reformas sociales importantes, sobre todo gracias a los Acuerdos de Matignon que prevén un incremento de los sueldos, el reconocimiento de los derechos sindicales, la semana laboral de 40 horas y 2 semanas de vacaciones pagadas.

Aunque se vislumbra una mejora de la situación en Francia, el clima político europeo es cada vez más inquietante por el auge del nazismo en

Alemania, el refuerzo del fascismo en Italia y la guerra que estalla en España, lo que contribuye a debilitar al Gobierno.

Por lo tanto, el París de los años 1930 ya no es el de los locos años veinte, aunque todavía subsiste un entorno intelectual importante cuyas tendencias políticas basculan hacia el comunismo, con la URSS como modelo, que se postula como el único muro contra el fascismo y el imperialismo o, por el contrario, hacia los modelos alemán e italiano, favoreciendo un auge del antisemitismo. Senghor se une a las tendencias de izquierda, inscribiéndose en el movimiento comunista y socialista por una emancipación de los pueblos en la que hace que prevalezca la de los africanos oprimidos con su concepto de negritud.

LA SEGUNDA GUERRA MUNDIAL Y SU IMPACTO EN LAS COLONIAS DEL ÁFRICA FRANCESA

La Segunda Guerra Mundial empieza el 1 de septiembre de 1939, tras la invasión de Polonia a manos de la Alemania nazi, y termina el 2 de septiembre de 1945, con la rendición de Japón.

Esta guerra, que primero se limita a Europa, se extiende a todo el planeta con la entrada en guerra de la URSS, de Japón y de Estados Unidos en 1941.

Aunque Francia declara la guerra a Alemania el 3 de septiembre de 1939, es decir, 2 días después de la invasión de Polonia a cargo de las tropas nazis, los combates no afectarán a su territorio hasta el 12 de mayo de 1940. En apenas un mes, las tropas alemanas logran llegar hasta París. Frente a ellas, el Ejército francés y el británico —que ha venido a ayudarlo— solo pueden retroceder: se produce una debacle. El Gobierno francés dimite el 16 de junio y el presidente Lebrun (1871-1950) llama al mariscal Pétain (1856-1951) para que retome las riendas del país. Este pide rápidamente el armisticio, que se firma el 22 de junio en Rethondes. Este tratado prevé que Francia quede dividida en 2 zonas: una zona ocupada que incluye el noreste del país, París, Bretaña y una franja costera que va hasta la costa española, y que pasa a estar supervisada por los alemanes; y una zona libre que se corresponde con el resto del territorio y que está administrada por el Gobierno de Pétain, instalado en Vichy a partir del 2 de julio, obligado a mantener a las tropas alemanas y a colaborar con ellas. El general De Gaulle, miembro del antiguo Gobierno desde el 5 de junio, que se instala en Londres el 17, considera inaceptable la colaboración con el invasor alemán. Proclama su rechazo al armisticio y, desde las ondas de la BBC, lanza un llamamiento para continuar la lucha junto a Inglaterra. Su mensaje lo escuchan muchos intelectuales, como Senghor, quien tras su liberación en 1942 del campo disciplinario de Las Landas, donde había sido encarcelado, participa en la Resistencia en el marco del Frente Nacional Universitario.

El armisticio de 1940 establece que el Gobierno de Vichy conserve su imperio colonial. En África, sobre todo en el África Occidental Francesa y en el Magreb, los dirigentes respaldan mayoritariamente a Pétain. Sin embargo, la ideología pétainista, simbolizada por un regreso a las tradiciones ancestrales, solo consigue exaltar las identidades indígenas, lo que provoca que se desarrollen movimientos nacionalistas en todo el imperio colonial. Además, las 2 nuevas grandes potencias, Estados Unidos y la URSS, que en esta guerra son aliadas de la Resistencia francesa y de Gran Bretaña, militan a favor de la emancipación de los pueblos, cuyo principio se evoca en la Carta del Atlántico, con fecha de agosto de 1941. Frente a las exigencias de sus aliados y a las protestas de los autóctonos relativas a su condición, el Gobierno provisional de la República francesa se ve obligado a adoptar reformas en las colonias, algo que anuncia De Gaulle el 30 de enero de 1944 en su discurso en Brazzaville (capital del África Ecuatorial Francesa y del Congo-Brazzaville).

MOMENTOS CLAVE

UNA LUCHA INTELECTUAL CONTRA LA COLONIZACIÓN: EL MOVIMIENTO NEGRITUD

Cuando Léopold Sédar Senghor llega a París en 1928, descubre una ciudad floreciente en la que abundan los intelectuales y los artistas. Sin embargo, como negro que viene del África francesa, está considerado como un ser inferior. En efecto, la sociedad francesa está impregnada de sentimientos colonialistas, racistas y paternalistas que contribuyen a difundir la idea de que los pueblos negros son como niños o, incluso, salvajes a los que hay que civilizar. Senghor, enfadado e irritado por esta opresión que siente a diario, decide enfrentarse a esta situación y entabla amistad con varios jóvenes intelectuales negros que ha conocido en la capital, como Léon-Gontran Damas, Aimé Césaire, Léonard Sainville (1910-1977), Aristide Maugée (fallecido en 1967) y su compatriota senegalés Birago Diop (1906-1989). Para formalizar su oposición, se apoyan en escritores y en estudiantes antillanos, que ya muestran su disconformidad. El martiniqués René Maran (1887-1960) es el primero en dar el paso al denunciar las condiciones de vida de los colonizados en su novela *Batouala*, que obtiene el Premio Goncourt en 1921.

En junio de 1932, se publica en parís un folleto titulado *Légitime Défense*, «Legítima Defensa», escrito por estudiantes martiniqueses, en el que también se denuncia el sistema colonial. Este manifiesto circula rápidamente por los ambientes intelectuales negros parisinos y despierta las conciencias de los estudiantes, invitándolos a reflexionar sobre su condición y sobre la de sus hermanos africanos. La Asociación Nacional para el Progreso de la Gente de Color (NAACP, por sus siglas en inglés), que en 1909 crea en Estados Unidos W. E. B. du Bois (1868-1963) y cuyo objetivo es garantizar la igualdad de derechos de todos los ciudadanos y eliminar el odio y la discriminación raciales, también es una de las fuentes que anima a los jóvenes intelectuales negros a construir un movimiento de reivindicación que se articula en torno a 2 grandes poetas, Léopold Sédar Senghor y Aimé Césaire.

| Fotografía de 2003 de Aimé Césaire (derecha) acompañado por el artista Philippe Mouillon.

Esta protesta se materializa en forma de revista, *L'Étudiant Noir*, publicada entre 1934 y 1940, cuyo objetivo —que define Léon-Gontran Damas— es suprimir la división tribal de los estudiantes para unirlos en una misma etiqueta, la del estudiante negro. En esta revista ya se detalla el concepto de negritud, creado por Aimé Césaire en 1936.

«La Negritud es el simple reconocimiento del hecho de ser negro y la aceptación de este hecho, de nuestro destino en cuanto negros, de nuestra historia y de nuestra cultura» (Fernández 2009, 89).

El concepto se desarrolla a continuación en la obra de Aimé Césaire *Cuaderno de un regreso al país natal* (1939) y en las obras poéticas de Senghor *Cantos de sombra* (1945), *Hostias negras* (1948) y *Etiópicas* (1961). Los poemas de este último son fundamentalmente simbolistas y se inspiran de los ritmos tradicionales africanos. El autor también profundiza en sus propias raíces familiares y en su experiencia vital. Las primeras obras están ancladas en el concepto de negritud y tratan temas como el sufrimiento, la segregación, el llamamiento a la revuelta, el rechazo de la asimilación al imperio y de la exaltación del África precolonial. Pero a partir de finales de los años 1960, los poemas encierran la esperanza de crear una civilización de lo universal que uniría a las culturas más allá de sus diferencias.

En 1948, Senghor publica la *Antología de la nueva poesía negra y malgache en lengua francesa*, precedida de *Orfeo negro*, de Jean-Paul Sartre (1905-1980), lo que marca el apogeo del movimiento que es, a la vez, la reivindicación de una forma de ser original, el instrumento de lucha y una herramienta estética. Este movimiento adquiere relevancia, sobre todo a partir de 1947, con la publicación de la revista *Présence Africaine*, que cuenta con los auspicios de grandes escritores franceses como André Gide (1868-1951), Jean-Paul Sartre y Albert Camus (1913-1960), de etnólogos reconocidos como Theodore Monod (1902-2000) y de Michel Leiris (1901-1990), así como de Senghor y de Césaire. El objetivo de esta revista es destacar a los intelectuales negros en todos los ámbitos y permitir que se escuchen sus ideas en los debates de la época.

| Senghor firma una copia de uno de sus libros de poemas.

No obstante, a partir de 1960, el movimiento negritud encuentra reticencias que formulan ciertos africanos. De hecho, la nueva generación de autores, como el nigeriano Wole Soyinka (nacido en 1934) y el maliense Yambo Ouologuem (nacido en 1940) le reprocha que se ata demasiado a los valores raciales, que se complace en los mitos africanos y que no se compromete en la lucha revolucionaria, social y política. Tras estos ataques, Senghor reafirma en el coloquio sobre la negritud —que se desarrolla en Dakar en 1971— la superioridad de la identidad negra sobre la ideología política para alcanzar la construcción de una civilización universal donde cada uno podría aportar su grano de arena.

UNA ACCIÓN POLÍTICA PARA LA EMANCIPACIÓN DE LOS ESTADOS AFRICANOS

El ingreso en política de Léopold Sédar Senghor se hace lentamente, gracias a una sucesión casual de encuentros y de ascensos relacionados con su estatus de profesor. En 1944, es nombrado para la cátedra de Lingüística de la Escuela Nacional de Francia de Ultramar. También en esta época publica *La Comunidad Imperial Francesa*, una obra cuya idea principal es la de una asociación y una colaboración entre Francia y los pueblos de sus colonias para que estos últimos puedan ser libres y, a la vez, sigan estando vinculados a la metrópoli. En este libro resuena el discurso de Brazzaville del 30 de enero de 1944 que da el general Charles de Gaulle, en el que anuncia la emancipación de las colonias tras haber integrado a los colonizados en la gestión de su propio país. Entonces, Senghor es llamado para participar en los trabajos de la comisión Monnerville (1945), encargada de traducir las ideas del discurso de Brazzaville y de definir la representación de las colonias en la futura Asamblea Constituyente. No obstante, el primer proyecto solo prevé cambios para Túnez y para Marruecos, mientras que el África negra sigue estando bajo dominación francesa. Esto indigna a Senghor, que decide comprometerse más en política para que se reconozca el derecho a la emancipación de los africanos.

Cuando vuelve a Senegal para profundizar en sus trabajos sobre la poesía serer, conoce al jefe de filas local de los socialistas, Lamine Guèye, quien le propone que se presente como diputado a la Asamblea Constituyente. Es elegido en la circunscripción Senegal-Mauritania en las 2 Asambleas Constituyentes sucesivas (1945-1946) y, a continuación, es elegido en la Asamblea Nacional francesa (1946). Ese mismo año, se casa con Ginette Éboué (1923-1992), hija del antiguo gobernador del África Ecuatorial Francesa, Félix Éboué (1884-1944). De esta unión nacerán dos hijos, Francis-Arphang (nacido en 1947) y Guy Wali (1948-1983).

Senghor no es el único que obtiene un escaño en el palacio Borbón. Otros 10 diputados de África también están presentes, como el marfileño Félix Houphouët-Boigny (1905-1993), el nigeriano Fily Dabo Sissoko (1900-1964), Gabriel d'Arboussier (1908-1976) y Jean Félix Tchicaya (1903-1961), que representan a Gabón y al Congo respectivamente. Todos juntos aúnan esfuerzos para mejorar el futuro de los pueblos colonizados y para obtener los mismos derechos que los ciudadanos franceses. Algunas de sus reivindicaciones se traducen por leyes, como la abolición del trabajo forzado y las principales características del estatus del indígena (ley del 7 de abril de 1946).

Sin embargo, las reformas a favor de los colonizados son tímidas, algo que anima a la mayoría de los representantes políticos de África a iniciar un combate unitario en el marco del Agrupamiento Democrático Africano (RDA, por sus siglas en francés), dirigido por Félix Houphouët-Boigny, cuyo objetivo es instaurar la igualdad de los derechos y de los deberes entre los pueblos de África y los franceses, siempre manteniendo el vínculo con Francia. Aunque las ideas que respalda el RDA son las de Senghor, este último no se une a este movimiento, ya que prefiere seguir las decisiones de la Sección Francesa de la Internacional Obrera (SFIO), que teme el apoyo demasiado insistente del Partido Comunista a este movimiento panafricano. Pero Senghor abandona rápidamente la SFIO para crear su propio partido con Mamadou Dia, el Bloque Democrático Senegalés (BDS), en 1948. En las elecciones de 1951, el BDS gana por una amplia mayoría a la SFIO, y Senghor es reelegido diputado en el grupo de los Independientes de Ultramar.

Entre 1955 y 1956, se convierte en secretario de Estado a la presidencia del Consejo en el gabinete de Edgar Faure (1908-1988). Sobre todo, se encarga de efectuar las labores de negociador entre los franceses y los independentistas tunecinos y marroquíes, mientras mantiene su apoyo a la política argelina de Francia. Sin embargo, Senghor sigue negándose a hablar de independencia para el África negra, ya que prefiere la idea de una confederación entre Francia y las naciones africanas del oeste. Pero esta esperanza salta por los aires con la ley marco Defferre de 1956, que otorga poderes considerables a las colonias. En 1958, De Gaulle decide acelerar las cosas e instaura la Comunidad que prevé la autonomía de los Estados africanos dentro de una federación en la que Francia mantendrá un papel fundamental. Los países que se niegan a unirse a la Comunidad obtienen sistemáticamente su independencia. Así, a Senghor no le queda más opción que elegir la Comunidad, pero conserva su sueño de asistir al nacimiento de una federación del oeste de África que incluya a Mali (antiguo Sudán francés), al Alto Volta y a Dahomey. A partir de marzo de 1959, el Alto Volta y Dahomey abandonan la federación. El 17 de enero de 1960, Senghor accede a la presidencia de la Asamblea Federal de los 2 últimos integrantes, mientras que el sudanés Modibo Keita (1915-1977) asume la función de presidente. Pero las diferencias entre ambos protagonistas provocan que la federación salte por los aires. El 20 de agosto de 1960, Senegal proclama su independencia. Senghor es elegido presidente el 2 de septiembre, mientras que el 22 de septiembre la República de Sudán se convierte en Mali.

LA PRESIDENCIA DE SENEGAL: LA INSTAURACIÓN DE LA DEMOCRACIA

La constitución del nuevo Estado senegalés se inspira de la de la Cuarta República francesa en la que Senghor ha participado. Así, nacen las funciones de presidente, encargado de encarnar al país y de representarlo en el exterior, y de jefe de Gobierno, puesto que se confía a Mamadou Dia, quien gestiona los asuntos internos y económicos. Pero se está gestando el conflicto entre el primer ministro y el presidente. Dia es socialista, lleva a cabo un combate contra la corrupción administrativa del país, pero, sobre todo, se opone a las 2 poderosas cofradías musulmanas senegalesas con el objetivo de limitar su influencia sobre la población. Esta cuestión acerca de cómo dirigir a la población es un punto de divergencia entre los 2 grandes hombres del Estado y lleva a Senghor a eliminar a su primer ministro. En diciembre de 1962, Mamadou Dia es arrestado, acusado de haber intentado dar un golpe de Estado, y es condenado a cadena perpetua.

A partir de ese momento, Senghor asume en solitario el poder ejecutivo, con la instauración de un régimen presidencial que consagra la nueva Constitución de 1963. Tras la proclamación de esta, es reelegido para un segundo mandato presidencial. Su partido, la Unión Progresista de Senegal (UPS, que es la refundición del BDS), es el único representado en la Asamblea Legislativa, dado que los 3 otros partidos políticos han sido prohibidos para evitar cualquier otro intento de golpe de Estado. Entonces, Senghor lleva a cabo una política socialista que tiene como objetivo el desarrollo de Senegal. Confía la economía del país a manos de expertos franceses, que animan a las empresas metropolitanas a invertir en Senegal. En paralelo al desarrollo económico del país, Senghor inicia una política cultural activa basada en el concepto de negritud con la creación del Ministerio de Cultura en 1966, año en el que se reúnen artistas de toda África durante el primer Festival Mundial de las Artes

Negras en Dakar (abril de 1966). En el ámbito educativo, Senghor africaniza progresivamente la Universidad de Dakar, así como las clases de primaria y secundaria, introduciendo en paralelo al francés algunas lenguas nacionales como el wolof, el peul o el serer.

El 25 de febrero de 1968, Senghor es reelegido como presidente, pero en el mes de mayo tiene que enfrentarse a importantes altercados sociales y a una fuerte agitación estudiantil, lo que lo lleva a cerrar la Universidad de Dakar en 1969. Senghor, que siente que la opinión pública está en su contra, decide liberalizar al régimen: en 1970, restablece el cargo de primer ministro que, aun así, es nombrado por el jefe del Estado. En esa función coloca a un joven tecnócrata íntegro, Abdou Diouf. Aunque el presidente conserva sus poderes, a partir de ahora la Asamblea puede votar una moción de censura contra él.

| Fotografía reciente de Abdou Diouf.

Senghor resulta reelegido en 1973 y, al año siguiente, indulta a los prisioneros políticos, entre los que se encuentra Mamadou Dia. En 1976, mientras que la Unión Progresista de Senegal del presidente se convierte en el Partido Socialista Senegalés (PSS), se inscribe el tripartismo en la Constitución, lo que lleva a la creación del Partido Democrático Senegalés (PDS) de Abdoulaye Wade (nacido en 1926) y del Partido Africano de la Independencia marxista-leninista (PAI) de Majhemout Diop (1922-2007), a los que se añade en 1978 el Movimiento Republicano Senegalés (MRS) de Boubacar Guèye (1913-1989). Ese mismo año, el PSS gana las elecciones con el 82 % de los votos, y Senghor inicia su quinto mandato como presidente de la República de Senegal. Sin embargo, desgastado por 20 años de ejercicio del poder, presenta su dimisión el 31 de diciembre de 1980 en favor de su primer ministro Abdou Diouf, que se convierte en presidente el 1 de enero de 1981.

Entonces, Senghor abandona la política para dedicarse solamente a su obra literaria, que jamás ha desatendido a pesar de sus responsabilidades como jefe de Estado, y a la defensa de una cultura francófona universal.

SENGHOR Y LA FRANCOFONÍA

Por su educación y sus estudios, Léopold Sédar Senghor es un ferviente defensor de la lengua francesa. Sus obras, escritas todas en la lengua de Molière, reflejan su pasión por el idioma. De hecho, el 29 de marzo de 1984 es elegido miembro de la Academia Francesa y se convierte de esta manera en el primer africano que ocupa un puesto en esta institución.

Para Senghor, la defensa de la lengua francesa en los países africanos es una herramienta que permite crear una civilización universal y un mestizaje cultural. Desarrolla este argumento durante su contribución a un número especial de la revista *Esprit*, «Espíritu», de 1962, titulado *Le Français dans le monde*, «El francés en el mundo». En la conclusión de su artículo «Le français, langue de culture», («El francés, lengua de cultura»), Senghor ya anuncia sus ideas en lo que respecta a la francofonía:

> «[La Francofonía es ese] *Humanismo* integral que se teje alrededor de la tierra: esta simbiosis de las "energías durmientes" de todos los continentes y de todas las razas, que se despiertan a su calor complementario» (Cuende 2008, 194).

A partir de 1962, la lucha por la francofonía se convierte en su punta de lanza. Además, en julio de 1966, durante la reunión de la Organización

Común Africana y Malgache (OCAM), en Antananarivo, presenta un proyecto de comunidad francófona y, para empezar, sugiere encuentros periódicos de los ministros de Educación, así como la creación de un Consejo Africano y Malgache para la Educación Superior (CAMES) que abarque a los Estados de la OCAM y a los otros Estados francófonos interesados, como Francia. En septiembre de 1966, en la Universidad Laval en Quebec, Senghor sienta las bases de la futura Agencia de Cooperación Cultural y Técnica (ACCT), que se inaugura el 20 de marzo de 1970 en Niamey. 21 Estados y Gobiernos firman el Convenio que trata sobre la creación de la ACCT, y cuyo objetivo es compartir una lengua común, el francés, encargada de promover y de difundir las culturas de sus miembros y de intensificar la cooperación cultural y técnica entre ellos. Desde esta fundación, el proyecto francófono no ha dejado de evolucionar. Esta agencia acabará convirtiéndose en la Agencia Intergubernamental de la Francofonía en 1998.

REPERCUSIONES

SENEGAL, PRESA DE LA CRISIS

Tras la dimisión de Léopold Sédar Senghor el 31 de diciembre de 1980, es su primer ministro, Abou Diouf, quien toma las riendas de Senegal. Durante las 2 décadas que pasa en el poder, este intenta continuar las reformas liberales iniciadas por Senghor. Con el apoyo de su partido político, el PSS, autoriza el multipartidismo y la libertad de prensa.

Su presidencia se ve marcada por 2 problemas fundamentales: la crisis económica y los movimientos independentistas que sacuden la región de Casamance. La economía senegalesa se ve debilitada a causa de la crisis de la filial cacahuetera y por el aumento del desempleo en las ciudades. En los años 1980, el Estado vive una situación presupuestaria dramática que obliga a las instituciones financieras internacionales a tomar medidas de austeridad presupuestaria, algo que tiene un impacto directo en los servicios públicos senegaleses en lo relativo al transporte, a la educación y a la salud. En 1994, ante la presión del Fondo Monetario Internacional (FMI) y de Francia, el franco CFA, moneda de Senegal y de una gran parte de los países del oeste africano, se devalúa un 50 %. En paralelo a esta crisis económica de peso, Abou Diouf debe enfrentarse a los movimientos separatistas de Casamance que, a partir de 1982, toman las armas para lograr su independencia a través de combates contra el Ejército senegalés. El más sangriento es el de Bissau en 1998. La continuidad directa de la acción de Senghor se estanca con la llegada al poder de Abdoulaye Wade, dirigente del PDS, que se convierte en presidente de la República de Senegal en 2001 y que cambia la Constitución sin que repercuta en la democracia o en el sistema presidencial, que Senghor aprecia.

EL FIN DE LA NEGRITUD

El movimiento negritud, creado por Senghor y Césaire, no continúa tras el fallecimiento de sus fundadores, a pesar de que desempeña un papel en el surgimiento del nacionalismo negro en África. La razón es que esta noción es muy rebatida por los intelectuales negros anglófonos, como el sudafricano Ezekiel Mphalele (1919-2008) y los nigerianos Chinua Achebe (1930-2013), Wole Soyinka y John Pepper Clark (nacido en 1935). Para ellos, esta noción es doblemente peligrosa por su carácter racial maniqueísta que intenta oponer los negros a los blancos, y por su dimensión romántica y subjetiva que convierte al África tradicional en un símbolo utópico de inocencia y de pureza. Además, el movimiento no tiene en cuenta la diversidad cultural de África. Por lo tanto, va perdiendo fuelle en favor de una literatura realista con el desarrollo de la novela realista.

EL AUGE DE LA FRANCOFONÍA

La francofonía que Senghor defiende hasta su muerte sigue viva después de él. La Agencia Intergubernamental de la Francofonía se convierte en la Organización Internacional de la Francofonía (OIF) en 2008. Reúne a 54 países y Gobiernos que son miembros de pleno derecho, así como 3 miembros asociados y 23 observadores. En estos momentos, la francofonía se extiende más allá de las fronteras geolingüísticas del francés. La OIF hace un recuento de unos

274 millones de francófonos, lo que convierte al francés en la quinta lengua más hablada en el mundo. Dado que la francofonía defiende la idea de que el francés es una lengua para compartir que debe desarrollarse plenamente con la globalización y que, por lo tanto, debe tener en cuenta la diversidad cultural, se compromete a mantener la paz y los derechos humanos en el mundo.

EN RESUMEN

1906
9 *oct.*: nacimiento de Senghor

1934-1940
Publicación de L'*Étudiant Noir*

1936
Creación del movimiento de negritud

1945
Senghor entra en política
Publicación de *Cantos de sombra*

1946
Senghor es elegido en la Asamblea Nacional francesa

1947
Publicación de la revista *Présence africaine*

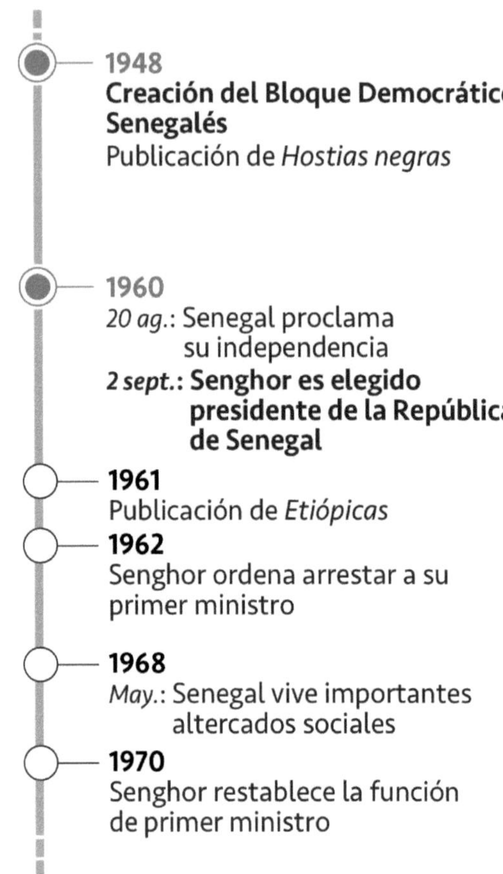

1948
Creación del Bloque Democrático Senegalés
Publicación de Hostias negras

1960
20 ag.: Senegal proclama su independencia
2 sept.: Senghor es elegido presidente de la República de Senegal

1961
Publicación de Etiópicas

1962
Senghor ordena arrestar a su primer ministro

1968
May.: Senegal vive importantes altercados sociales

1970
Senghor restablece la función de primer ministro

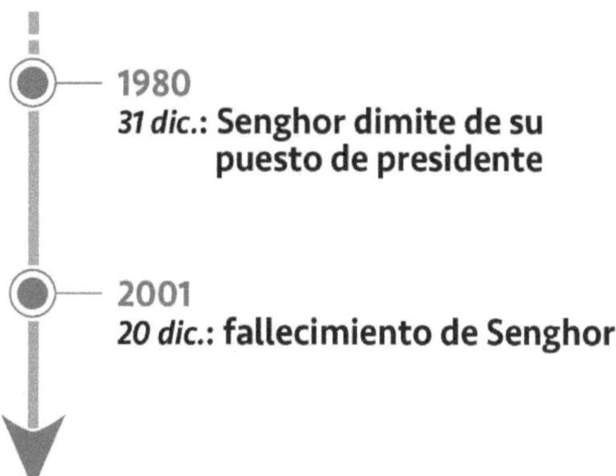

- Senghor, nacido en 1906 en Joal, pasa su más tierna infancia en Djilor, junto a su tío materno, donde aprende los usos y las costumbres de los peul, así como sus creencias animistas.

- A partir de 1913, el joven Senghor es enviado a la misión de los padres del Espíritu Santo de Ngazobil y, más adelante, al colegio Liberman de Dakar para ser seminarista. Pero el sacerdocio no parece estar hecho para él y, tras 2 años de estudios en la secundaria de Dakar, sale en 1928 con su bachillerato y una beca para estudiar filología en París.

- Allí sigue el primer curso de las clases preparatorias de letras en el instituto Louis-le-Grand para entrar en la ENS. Durante sus estudios, entabla amistad con Georges Pompidou y

Aimé Césaire.

- En 1935, tras haber suspendido los exámenes de ingreso de la ENS en varias ocasiones, decide pasar la oposición para la cátedra de gramática francesa, que aprueba. Esto le permite enseñar lengua y gramática en Tours entre 1935 y 1938.
- A partir de 1934, Senghor y Césaire participan en un movimiento contra el colonialismo que reivindica las especificidades de la identidad y de la cultura negra y africana a través de la revista *L'Étudiant Noir* (1934-1940) y, más adelante, a través de *Présence Africaine* (revista creada en 1947). En estas páginas, se va dando forma al concepto de negritud, que se desarrolla gracias a sus respectivas obras poéticas.
- Senghor pasa de la reivindicación intelectual a la política tras su elección como diputado de Senegal en las Asambleas Constituyentes de 1945 y 1946, y más adelante como diputado a la Asamblea Nacional en 1946. Junto a sus colegas de las otras colonias africanas, recomienda la emancipación y la autonomía de los países de África, pero aun así desearía mantener vínculos con Francia. Pero las tímidas reformas que se otorgan a las colonias solo hace que aumenten las diferencias entre los

representantes africanos y la metrópoli. Estos últimos se radicalizan y, liderados por Félix Houphouët-Boigny, se unen en un partido político, el Agrupamiento Democrático Africano (RDA). El partido, que primero está de acuerdo con las ideas de asociación con la metrópoli, inicia muy rápidamente la lucha por la independencia total de los países africanos.

- Por su parte, Senghor no participa en el RDA. Prefiere fundar su propio partido en 1948, el Bloque Democrático Senegalés (BDS), y continúa con su sueño de crear una confederación entre los países del oeste de África y Francia. Pero su proyecto se pone en entredicho con la ley marco de 1956 y con la instauración de la Comunidad en 1958 a manos del general De Gaulle.
- En 1958, sigue intentando formar una federación entre el Sudán francés, Dahomey, el Alto Volta y Senegal, pero en seguida se desilusiona, ya que Dahomey y el Alto Volta se escinden en 1959, seguidos por Sudán un año más tarde. Así, Senegal alcanza su independencia el 2 de septiembre de 1960, igual que hace Sudán el 22 de septiembre, que pasa a llamarse Mali.
- Entre 1960 y 1980, Léopold Sédar Senghor

gestiona Senegal con mano de hierro. Es elegido 5 veces seguidas como presidente de la república y lleva una política que tiene como objetivo garantizar una economía floreciente al país, mientras concretiza su concepto de negritud destacando la identidad y la cultura senegalesa en todos los ámbitos.

- El largo mandato de Senghor está plagado de fricciones, sobre todo en 1962, cuando ordena que se encarcele a su primer ministro, Mamadou Dia, acusándolo de incitar a un golpe de Estado contra él. A partir de este año, el régimen se endurece y Senghor dirige solo el país con su partido político. Habrá que esperar a las protestas sociales y estudiantiles de 1968 para que el presidente se comprometa a liberalizar el régimen, favoreciendo la creación de un tripartismo en 1970 y nombrando un nuevo primer ministro, Abdou Diouf. Este último le sucede en la presidencia cuando Senghor presenta su dimisión el 31 de diciembre de 1980.
- Las tareas de presidente de Senegal no impiden a Senghor seguir escribiendo poemas y sumirse en la defensa de la lengua francesa y de la francofonía. Le tiene aprecio a esta noción, ya que constituye un puente entre las

distintas culturas y favorece la creación de una civilización universal. El 20 de marzo de 1970, en Niamey, su lucha por el auge de la franco-fonía conduce a la firma del convenio que crea la Agencia de Cooperación Cultural y Técnica, cuyo objetivo es compartir la lengua francesa, promocionar y difundir la cultura de los 21 miembros signatarios, así como desarrollar la cooperación cultural y técnica entre ellos.

- El reconocimiento de su obra literaria llega con su elección como miembro de la Academia Francesa, el 29 de marzo de 1984.

PARA IR MÁS ALLÁ

FUENTES BIBLIOGRÁFICAS

- Bourges, Hervé. 2006. *Léopold Sédar Senghor. Lumière noire.* París: Mengès.

- Cuende González, María Jesús. 2008. "La perspectiva filosófica de Léopold Sédar Senghor sobre el ser humano y su vinculación al existencialismo". Tesis doctoral, Universidad de Oviedo. Consultado el 27 de julio de 2017. http://www.africafundacion. org/africal+D2008/archivos/Maria_Jesus_Cuende_ SENGHOR-TESIS_DOCTORAL-3.pdf

- Delas, Daniel. 2007. *Léopold Sédar Senghor: le maître de langue.* Croissy-Beaubourg: Aden.

- Djian, Jean-Michel. 2005. *Léopold Sédar Senghor. Genèse d'un imaginaire francophone.* París: Gallimard.

- Fernández Moreno, Nuria. 2009. *Antropología y colonialismo en África Subsahariana: Textos etnográficos.* Madrid: Editorial universitaria Ramón Areces.

- Foucher, Vincent y François Bost. s. f. "Sénégal". *Encyclopaedia Universalis.* Consultado el 23 de julio de 2017. http://www.universalis.fr/encyclopedie/ senegal/

- Organisation internationale de la francophonie. Consultado el 23 de julio de 2017. www.francophonie.org

- Provenzano, François. 2006-2007. "La 'Francophonie': définition et usages". *Quaderni*, n.º 62, 93-102.

- Vaillant, Janet G. 2006. *Vie de Léopold Sédar Senghor. Noir, Français et Africain*. París: Karthala.

- Wesley, Johnson G. 1991. *Naissance du Sénégal contemporain. Aux origines de la vie politique moderne (1900-1920)*. París: Karthala.

FUENTES ICONOGRÁFICAS

- Retrato de Léopold Sédar Senghor. La imagen reproducida está libre de derechos.

- Fotografía de 2003 de Aimé Césaire (derecha) acompañado por el artista Philippe Mouillon. La imagen reproducida está libre de derechos.

- Senghor firma una copia de uno de sus libros de poemas. La imagen reproducida está libre de derechos.

- Fotografía reciente de Abdou Diouf. La imagen reproducida está libre de derechos.

OBRAS DE LÉOPOLD SÉDAR SENGHOR

- Sédar Senghor, Léopold. 1962. "Le français, langue de culture". *Esprit*, 837-844.

- Sédar Senghor, Léopold. 1964. *Liberté I. Négritude et humanisme*. París: Seuil.

- Sédar Senghor, Léopold. 1977. *Liberté III. Négritude et civilisation de l'universel*. París: Seuil.

- Sédar Senghor, Léopold. 1993. *Liberté V. Le dialogue des cultures*. París: Seuil.

- Sédar Senghor, Léopold. 2002. *Œuvres poétiques*. París: Seuil.

Esta edición contiene *Chants d'ombre*, *Hosties noires*, *Éthiopiques*, *Nocturnes*, *Poèmes divers*, *Lettres d'hivernage*, *Élégies majeures*, *Poèmes perdus* y *Dialogues sur la poésie francophone*.

¡APRENDER NUNCA ANTES FUE TAN RÁPIDO!

www.50minutos.es